RENCONTRES FERROVIAIRES

Régine Deforges

RENCONTRES FERROVIAIRES

Fayard

IL A ÉTÉ TIRÉ DE CET OUVRAGE
TRENTE EXEMPLAIRES
SUR PAPIER VERGÉ INGRES DES PAPETERIES DE LANA
DONT VINGT NUMÉROTÉS DE 1 À 20
ET DIX HORS COMMERCE
NUMÉROTÉS DE H.C.I. À H.C.X
LE TOUT CONSTITUANT
L'ÉDITION ORIGINALE

A Sonia,
en toute complicité.

PRÉAMBULE

C'est dans de petits carnets reliés de cuir que j'ai commencé à écrire ces *Rencontres ferroviaires*, pour passer le temps. Les voyages en train sont propices aux songes...

Depuis mon enfance, les chemins de fer m'ont toujours semblé devoir me conduire vers des lieux inconnus, des villes merveilleuses, des horizons nouveaux. Les gares où attendent les voyageurs en partance, où errent les marginaux en quête d'un abri, constituent pour moi des havres où se côtoient espoir et tristesse, rêve et mélancolie, angoisse et solitude.

Aux alentours des gares se réfugie ce qui reste animé d'une ville, tard dans la nuit. C'est là que l'on trouve les hôtels pour représentants de commerce, pour hommes d'affaires modestes, familles en transit, ouvriers de passage ou émigrés en attente... et dont les noms sont partout les mêmes : *Hôtel de la Gare*, bien sûr, mais aussi *Hôtel du Départ, de l'Arrivée, des Voyageurs, Terminus, du Commerce, de la Poste*... Les hôtels de passe peuplent eux aussi leurs abords. Souvent, ils portent de jolis noms : *Le Panier Fleuri, Au Bon Repos* ou *Au Bon Séjour*, par exemple. Tout un monde y vit au rythme de l'arrivée et du départ des trains. Ces lieux demeurent comme suspendus dans le temps. Que la pluie tombe ou le brouillard, et c'est un univers à la Simenon qui se présente au voyageur fourbu ; qu'un soleil de plomb resplendisse, et tout se fige dans la canicule. S'il neige, ces parages s'enchantent en dépit des risques de glissade. Pourtant, ce n'est qu'au printemps, durant quelques jours seulement, que les gares et leurs décors reprennent un air de commencement... C'est le lieu de rendez-vous de tous les drames humains, et des joies aussi.

C'est l'endroit où se font les adieux et les retrouvailles, les départs pour la guerre ou les voyages de noces, celui de l'inconfort et du luxe, de la joie au retour des prisonniers ou des larmes versées dans des wagons plombés...

En 1898, dans le numéro de *l'Illustration* en date du 17 décembre, Maurice Normand écrivait : *« Il y aurait neuf curieuses monographies à écrire sur les neuf gares terminus de Paris. Chacune a sa physionomie particulière. Le voyageur de la gare de Lyon ne ressemble guère à celui de la gare Saint-Lazare ; la Bastille et Montparnasse n'ont pas la même clientèle.*

« Ici arrivent les Méditerranée-Express : des wagons de luxe sortent d'abord d'innombrables valises, de cuir fauve et chiffrées, des faisceaux de cannes, de parapluies, d'ombrelles, de couvertures opulentes ; puis descendent les couples, les familles, les isolés en tenue correcte de voyage, tous de retour de Nice, tous fleuris de roses conservées fraîches

dans un verre d'eau emprunté au wagon-restaurant.

« Là, c'est l'arrivée d'un train de banlieue le matin ; toute une population travailleuse se précipite hors des compartiments, dégringole des impériales ; les ouvriers portent sur l'épaule leur caisse ou leur sac d'outils ; l'employé a sous le bras sa serviette, le dessinateur un carton ; la modiste rapporte un chapeau terminé au prix d'une longue veille ; tout le monde se précipite vers la sortie, pour s'éparpiller bien vite dans l'immense ville.

« Ailleurs, nous verrions des départs d'émigrants, des arrivées de conscrits... Que sais-je ? »

Les trains de travailleurs qui partent vers la banlieue y roulent parfois, l'espace de quelques minutes, aux côtés de wagons-lits, rares survivances d'une époque révolue, en partance vers des villes aux noms enchanteurs : Venise, Istanbul, Athènes... L'ouvrier fatigué, la secrétaire lasse, l'étudiant harassé regardent, sans les voir, les lampes aux abat-jour roses qui éclairent des tables sur lesquelles brillent de la vaisselle et de l'argenterie. À peine un sentiment d'envie les effleure-t-il que l'opulent convoi prend de la vitesse, et ce n'est plus qu'un trait de lumière rose qui s'étire dans la nuit. Parfois, la nostalgie s'empare de l'un des voyageurs du train de banlieue, et c'est toute sa vie qui repasse, bercée par le mouvement du wagon. Arrivé à destination, il quitte le compartiment comme à regret, laisse s'éloigner ses compagnons de route, pressés de regagner leur logis ; lui, le sien lui fait soudain horreur. Quoi ? Encore la – ou le – retrouver, entendre les mêmes mots, respirer les mêmes odeurs, s'affaler devant le téléviseur ou préparer le dîner, répondre aux questions des enfants, sortir le chien... Le quai est maintenant désert, les rails brillants se perdent dans la nuit, l'éclairage est sinistre. Sa sacoche, son sac ou son porte-documents à la main, le voyageur fait demi-tour sur lui-même, indécis. Il se demande pourquoi il éprouve une telle mélancolie. Il sort de la gare en traînant le pas. Les néons du café de l'*Hôtel des Voyageurs* lui font signe. « Ça n' lui f'ra pas d'mal, un p'tit verre », avant d'aller affronter ceux qui l'attendent. Pourtant, il hésite à pousser la porte du troquet. Redoute-t-il les conséquences de ce geste banal ? Une vague mauvaise conscience l'empêche d'y entrer. Ce qu'il appelle « sa lâcheté » accentue sa mauvaise humeur. Rageur, il se détourne de la tentation, s'éloigne à grands pas, mécontent. Voyez-le s'en aller dans l'obscurité grandissante, les épaules voûtées, accablé par le poids des jours qui, tous, se ressemblent, sans l'espoir d'échapper jamais à la médiocrité quotidienne. Derrière lui, un express passe en trombe devant la gare dont les vitres tressaillent. Il ne sait pas qu'au bout d'un quai peut se trouver l'aventure, qu'on peut y faire des rencontres d'une heure, d'un jour, d'une vie !

Il ne le sait pas... alors que, pour certains, ces mêmes trains constituent des terrains de rencontres extraordinaires. Les femmes, même les plus méfiantes, ne restent pas insensibles à ces jeunes hommes qui leur sourient ; l'air attendri, elles deviennent les complices silencieuses du couple en face d'elles, dont les lèvres paraissent soudées pour l'éternité ; ou de ces amants adultères qui se dévorent des yeux. Le premier à descendre demeure un moment sur le quai à regarder disparaître le convoi qui emporte l'aimé. Celui qui reste soupire au souvenir des mots et des caresses échangés dans ce petit hôtel en face de la gare, qui les accueille une fois par semaine...

« ... Elles[1] ont des perles au cou ;
Des mécaniciens gantés
Les caressent.
Les machines sont les seules femmes
Que les Américains savent rendre heureuses[2]. »

1. Les locomotives de la *Southern Pacific*.
2. Paul Morand, « *Southern Pacific* », in *U.S.A.*, 1927.

GARE SAINT-LAZARE
OU
LE GALET DE DIEPPE

« Sous le hall gigantesque au lumineux vitrail
De la gare, converge un infini de rails,
Dans les chocs de butoirs et de plaques tournantes
Les grands rapides noirs à la marche tonnante
Pénètrent, modérant leur élan haletant,
Essoufflés de leur course à travers les provinces,
Entre les quais, au bruit des freins bloqués qui grincent,
Sous des jets de vapeur et des sifflets stridents[1]*... »*

1. Paul Hubert, « Les Gares », in *Au cœur ardent de la cité*, éd. Fasquelle.

Par un pluvieux matin d'avril, j'empruntai l'autobus n° 29, au Pont-Neuf, pour me rendre à la gare Saint-Lazare. Le long des quais, le vert tendre des arbres ne parvenait pas à égayer ce début de journée. Je partais pour Dieppe par le train de 10 h 51 à la recherche de l'« inspiration », en vue d'une nouvelle que j'avais promis de rédiger à l'intention d'un hebdomadaire féminin. Ces derniers temps, j'avais beaucoup sillonné la France par train et l'idée m'était venue d'écrire des « récits ferroviaires ».

J'ai toujours aimé les gares, toutes les gares, à toute heure du jour et de la nuit : l'atmosphère un peu glauque qui y entoure retrouvailles et adieux, leurs odeurs aussi, jusqu'à leurs courants d'air, et, bien entendu, leurs buffets où s'échoue, parmi les arômes de « petits noirs », les relents de bière pression et la fumée des cigarettes brunes, une humanité terne et hagarde.

J'avais oublié que la salle des pas perdus était aussi vaste. Elle paraît presque vide : à cette heure, le trafic banlieue s'est raréfié.

Brusquement, je me trouve projetée à des années en arrière. Je n'avais pas vingt ans. Je devais prendre le train dans cette même gare et avais égaré l'adresse exacte de mon lieu de destination. Je téléphonai pour me le faire répéter. C'était la première fois que je me trouvais aux prises avec un poste automatique. Je m'appliquai à suivre à la lettre les instructions placardées sur l'appareil. Dans l'écouteur, une voix me recommanda d'appuyer sur un bouton afin d'obtenir mon correspondant. Quel bouton ?... Je regardai autour de moi. Je devais avoir l'air bien désemparée, car un homme d'une cinquantaine d'années s'approcha :

– Puis-je vous aider, mademoiselle ?

– On me dit de presser le bouton, mais lequel ?

Le ton affolé que j'avais employé le fit sourire. Tendant le bras, il appuya. La pièce que j'avais introduite cascada dans les entrailles de la machine.

– Allô ? Allô ? implorait une voix angoissée de ne rien entendre.

– C'est moi ! murmurai-je enfin.

Des années durant, chaque fois que j'ai dû téléphoner depuis une cabine publique, j'ai repensé à cette scène, éprouvant la même confusion au souvenir d'une telle ignorance du maniement des engins à jetons ou à sous...

Je me suis installée dans le dernier wagon. Le convoi s'éloigne, s'arrachant à une forêt de poteaux et de câbles que leurs entrelacs font ressembler à des lianes. Les rails s'enchevêtrent, se mêlent et se démêlent au gré d'un fascinant ballet. Appuyée contre la vitre de la portière arrière qui donne sur la voie, je me laisse envahir par la nostalgie de ces voyages accomplis pendant mon enfance et au cours desquels, comme à présent, je me tenais le front contre une vitre vibrante, à contempler les rails qui se tordaient comme des serpents sectionnés par les essieux. Les trains filaient alors moins vite et laissaient derrière eux un long paraphe de fumée noire.

Les premières maisonnettes de banlieue défilent à présent ; dans les jardinets, les lilas sont en fleur. Celles des marronniers dressent leurs pyramides blanches ou rouges parmi le feuillage nouveau, tandis que les cerisiers laissent échapper leurs fragiles pétales sous un ciel bas, chargé de grêle. Tout est triste, suant l'ennui. Le long des murs qui bordent çà et là les voies, des graffitis étalent leur insignifiance dans un style mou qu'on dit importé des États-Unis. Même le jaune cru des champs de colza ne parvient pas à éclaircir et égayer la grisaille. De lourdes péniches voguent sur les eaux très hautes des boucles de la Seine, longée par instants.

Envie d'une cigarette. Elle se dirige vers le compartiment « fumeurs ». Au fond, un jeune homme noir dort, lové sur lui-même. Ailleurs, un barbu pianote sur son ordinateur, un cigarillo éteint entre les lèvres. Elle ôte ses chaussures, allonge les jambes sur le siège qui lui fait face, et allume sa cigarette. Elle fume, les yeux clos, bercée par le brimbalement du train. Sa cigarette à demi consumée, elle l'écrase dans le cendrier de l'accoudoir. Puis referme les yeux. Peu à peu, une douce et chaude torpeur l'envahit.

Quelqu'un a dû s'asseoir auprès d'elle : émane de l'inconnu un parfum sucré qui lui rappelle l'odeur des marchés africains qu'elle a connus dans son enfance. Elle soupire.

– Vous permettez ?

Elle entrouvre les yeux pour voir le barbu à l'ordinateur s'installer en face d'elle. Quand elle va pour retirer ses pieds, il les retient d'une main brûlante et les place entre ses jambes écartées.

– Cela ne me gêne pas du tout.

Moi non plus, pense-t-elle tout en remarquant que son vis-à-vis porte un pantalon de velours côtelé bleu marine.

À nouveau, elle ferme les yeux. Le parfum sucré se fait plus présent. Un souffle tiède caresse son cou, des lèvres épaisses se posent sur sa peau, l'aspirent. Une main glisse sous son pull, s'empare de son sein, le presse, pince le mamelon, l'étire. Les doigts tordent la pointe érigée... ses hanches ondulent. Elle gémit. L'homme se saisit de l'autre sein qui, à son tour, durcit sous la caresse.

En face, le barbu déplace ses pieds, les pose sur la protubérance qui tend son pantalon ; leurs plantes épousent d'emblée la forme de son sexe. L'homme leur imprime un mouvement de va-et-vient.

Le Noir a maintenant soulevé le pull et happe avec sa bouche les mamelons durcis, douloureux, qu'il mordille de plus en plus fort. D'une main, il écarte la culotte mouillée et se glisse dans la fente ouverte. Elle retient un cri, se cambre. Il accélère le mouvement, sans lâcher la pointe du sein dans laquelle ses dents s'incrustent. De douleur et de plaisir, elle geint. Ses jambes s'écartent. Le barbu a sorti un long sexe qu'il actionne tout en fixant la main noire qui s'affaire entre les cuisses blanches. Un long jet de sperme les atteint à l'instant précis où elle-même jouit dans un long râle.

Quelques instants plus tard, cependant qu'elle regagne sa place après avoir remis un peu d'ordre dans sa tenue, elle constate que les deux hommes ont quitté le compartiment.

Le train entre en gare de Dieppe. Le temps se montre toujours aussi maussade. Sur le quai, un garçonnet court, les bras tendus, vers le barbu. Une femme d'allure quelconque l'accompagne ; l'homme qui a soulevé l'enfant dans ses bras embrasse son épouse sur les deux joues, l'air indifférent. Des yeux, il suit l'élégante silhouette de la jeune femme du compartiment « fumeurs ». Sacrée garce, pense-t-il, lorsque le gamin lui dit en se tortillant :

– Maman n'aime pas que tu regardes les autres dames !

Agacé, le père le repose à terre et se dirige vers la sortie. Il pleut maintenant. Putain de pays ! songe-t-il.

– La voiture est loin ?

– Non, de l'autre côté de la rue, répond sa femme en lui tendant les clefs.

Je longe le quai de la Poissonnerie. Un méchant vent plaque ma jupe et j'ai le plus grand mal à retenir mon parapluie. Si j'en juge au peu de monde qui circule dans les rues, c'est l'heure du déjeuner. Sur le port, des bateaux de pêche bougent dans la rumeur des gréements. Les pavés brillants glissent. Face au pont mobile, des marchands de poissons rincent leurs voitures à bras, encore ceints de leurs lourds tabliers de caoutchouc.

Je traverse le quai. Sous les arcades, je jette un regard distrait à la carte des restaurants ; je n'ai pas faim. Je veux d'abord voir la mer. Elle est là, plate, immense et grise, comme les galets de la grève. J'en ramasse un : sa forme est oblongue, il est doux au toucher. Je le met dans ma poche. Je fais encore quelques pas. Un ennui profond m'envahit soudain, si fort que je m'arrête, étreignant le galet dans ma paume comme s'il était capable de conjurer ma morosité et d'égayer l'endroit.

Je reviens vers la ville. La pluie n'a pas cessé. J'entre dans le restaurant *Les Vapeurs*, en souvenir de celui qui se trouve à Trouville. Peu de clients. Le patron m'installe près de la vitre ; je lui commande une assiette de fruits de mer et une sole grillée : port de pêche oblige...

– Remontée de la nuit, me précise-t-il tout en débouchant la bouteille de riesling que j'ai choisie pour accompagner mon repas.

Quand je suis seule, j'aime bien boire du vin blanc.

– J'ai ajouté une araignée qui sort de l'eau. Vous m'en direz des nouvelles, murmure l'aubergiste en déposant l'assortiment de fruits de mer devant moi.

Je remercie, puis attaque les bulots, dissèque la carcasse de l'araignée, décortique crevettes et langoustines. Vite, ça devient énervant. Quand on est plusieurs convives, on craint de retarder les autres ; seul, on s'impatiente soi-même. Sans compter qu'on en a plein les doigts. Des petites serviettes citronnées remplacent les rince-doigts d'autrefois.

Le riesling, très frais, est bon.

De rares passants se pressent pour échapper à la pluie qui tombe, fine, perçante et obstinée.

Il y a bien longtemps que je n'étais venue à Dieppe. C'était avec un homme que j'aimais et qui voulait revoir dans les parages le hameau et la maison où il se rendait, enfant, pour passer ses vacances chez un grand-père anarchiste. Le long de la côte, les villages se ressemblaient tous ; il ne reconnut pas celui qu'il recherchait. Son insuccès le mit de mauvaise humeur. Nous descendîmes vers la plage. Tout comme aujourd'hui, la mer était agitée sous un ciel cendreux. Optimiste, en dépit d'une angine à peine guérie, j'avais emporté mon maillot.

– Pourquoi n'allez-vous pas nager ? me demanda-t-il.

– Mais... il fait froid !

– Et alors ? reprit-il, furieux.

Au bord des larmes, je me déshabillai et enfilai mon maillot, indifférente à la présence de quelques rares promeneurs. Puis, trébuchant sur les galets, j'allai au-devant des premières vagues qui, tout de suite, me submergèrent. Je nageai plusieurs brasses en direction du large, m'habituant à la houle. Quand je me retournai, je me trouvais assez loin du rivage et mon amant faisait de grands signes. Un instant, je fus tentée de m'éloigner encore davantage, pour l'inquiéter. Pourtant, je me savais piètre nageuse. Je revins vers le bord. Il m'accueillit, tout pâle.

– Petite fille ! chuchota-t-il avec tendresse.

Il m'enveloppa dans un vaste drap de bain et me frictionna brutalement. Séchée, je me rhabillai. À présent, je me sentais en pleine forme.

Nous rentrâmes à vive allure sur Paris. Ce soir-là, il me fit longuement l'amour.

L'évocation de ce temps passé me rend nostalgique. Je commande un second café que je bois à petites gorgées tout en fumant une cigarette. À travers la fumée, je remarque un grand garçon noir portant une veste de cuir, debout de l'autre côté du quai. Lui aussi regarde dans ma direction. Je paie et quitte le restaurant.

Dehors, le type a disparu. Je dirige mes pas vers le centre-ville. Dans la rue principale, maintenant réservée aux piétons, s'alignent les mêmes boutiques que partout ailleurs, déambule la même foule laide, terne et renfrognée. Ici, rien de beau, de neuf ou d'insolite n'attire et ne retient le regard. L'ennui resurgit, pesant.

Plus loin, on rafistole la façade de la cathédrale. À mon habitude, j'entre allumer un cierge. Mais, comme à chaque fois que je me trouve dans une église, aucune prière ne monte à mes lèvres ; à croire que Dieu n'aime guère les lieux qui lui sont consacrés !... Morose toujours, je repasse le porche tandis que, sans discontinuer, la pluie fouette les visages, les rues et les toits. Indécise sur la direction à prendre, je tourne sur moi-même. J'ai déjà l'impression d'avoir tout vu de Dieppe et que ce n'est décidément pas là que je trouverai l'inspiration. Rien, ici, pour m'instiller ne serait-ce que l'ombre du commencement d'une idée... Plutôt mal parti, le récit promis ! Je me sens ridicule. Cette courte échappée ne m'aura servi à rien ; ce n'était peut-être qu'un alibi pour échapper aux affres de la page blanche. C'est fou comme l'on peut tricher avec soi-même : il me fallait une bonne raison pour revenir à Dieppe, alors je me suis inventé un projet de « récit ferroviaire » – de « roman de gare », comme le qualifieraient certains de mes chers confrères...

Mais, au fait, pourquoi Dieppe et pas Orléans, Limoges, Nevers ou Dunkerque ? Oui, c'est vrai, pourquoi pas ces villes-là ? L'une d'elles se serait peut-être révélée plus propice à l'invention littéraire ? Je crois tant à l'influence des lieux ! Mais Dieppe, elle, me laisse de glace.

Je me rapproche de la gare, dans l'espoir qu'un autre train soit prévu au départ à une heure moins tardive que celui que j'avais l'intention de prendre. La chance est avec moi : je pourrai attraper celui de 16 h 01, puisque j'ai encore huit minutes devant moi.

Je m'installe dans un compartiment vide dont je tire les rideaux grenat afin de décourager les importuns. Je m'assoupis aussitôt.

Quand elle s'éveilla, deux hommes en bras de chemise, lunettes sur le nez, étaient assis face à elle, corrigeant soigneusement des feuillets dactylographiés. L'un d'eux portait une cravate ornée d'un Mickey jouant de la guitare ; elle s'imagina que, parmi ses collègues, il devait passer pour un original plein d'humour.

Le train longeait à présent la Seine. Il pleuvait toujours.

Elle se leva, sortit dans le couloir où elle s'accouda à la barre d'appui. Un paysage détrempé défilait devant ses yeux. L'un des deux passagers sortit à son tour et la frôla – intentionnellement, lui sembla-t-il. Il se dirigeait vers les toilettes quand il se retourna et lui adressa un sourire. C'était l'homme à la cravate ornée d'un Mickey ; il avait un joli sourire et elle le lui rendit. Quand il revint, elle se fraya également un chemin vers le cabinet de toilette. Elle posait la main sur la poignée de porte quand on la poussa à l'intérieur sans ménagement. On entra sur ses talons et on rabattit le verrou. Choquée, furieuse, elle fit volte-face. « Mickey » lui souriait à nouveau, tout en l'attirant à lui. Elle ne résista qu'un bref instant. Des lèvres s'emparèrent des siennes et les embrassèrent longuement. Il y avait bien longtemps qu'un baiser ne lui avait été aussi agréable ;

elle retrouvait là l'émoi, la gourmandise des premières étreintes. Avec un plaisir non dissimulé, elle lui rendit ses embrassements tandis qu'une main soulevait sa jupe. Comme cela s'était déjà produit à l'aller, le matin, la main s'introduisit dans sa culotte, trempée maintenant, puis s'enfonça dans son ventre. Pour se rendre plus accessible encore, elle ouvrit les jambes ; la main força et elle eut la sensation que ses chairs se déchiraient. D'une poussée, il pénétra plus avant. Elle cria.

– Tu aimes ça, salope ?

Sous l'insulte, son ventre se resserra sur les doigts qui l'avaient forcée et la manipulaient.

– Ça te plaît, hein ? constata-t-il en faisant pivoter sa main pour l'écarter davantage.

Il étouffa ses plaintes sous des baisers.

Une bête monstrueuse fouaillait son ventre, lui rongeait les entrailles. Sans renoncer à ce sexe dans lequel son poignet disparaissait presque, l'homme sortit un membre roide et congestionné dont le gland violacé, luisant de désir, paraissait sur le point d'éclater.

– Branle-moi, ordonna-t-il d'une voix sourde.

Elle se saisit du bâton de chair. Il était dur, chaud, et la peau glissait souplement sur lui.

– Plus vite ! gronda-t-il.

Le foutre éclaboussa ses doigts tandis que, dans une ultime impulsion, le poing de l'homme fondit à l'intérieur de son ventre écartelé. Elle hurla, au bord de l'évanouissement, jouissant sans retenue. Quand elle cessa de geindre et de grelotter de plaisir, l'homme retira sa main avec un mouvement rotatif et la lava sous l'eau du lavabo après l'avoir délicatement léchée. Il se rajusta puis, après un baiser, s'éclipsa.

Dans un réflexe de protection, elle reverrouilla la porte derrière lui. De son vagin béant s'échappait un filet de liquide mêlé de sang. Elle fit couler l'eau tout en s'examinant dans le miroir. Ses yeux cernés, ses cheveux ébouriffés lui donnaient la physionomie d'une bacchante. Elle sourit à son image.

Marcher jusqu'au compartiment lui fut pénible. Là, elle se rassit précautionneusement. Avec gravité, les deux hommes, lunettes sur le nez, vaquaient à leurs corrections.

Elle s'abandonna contre le dossier et ferma les yeux.

GARE DE LYON
OU
LE REGRET PERSISTANT

« Et dans l'ébranlement des hautes verrières,
Il semble que la gare entière va crouler,
Au fracas trépidant des convois essoufflés
Qui halètent, suant de houille et de poussière.
Affolement de l'arrivée, éparpillant
La multitude lasse au sein des quais grouillants.
Hâte fébrile des départs au cœur des gares ;
Incessant va-et-vient où le regard s'égare,
Danse multicolore et folle des signaux
Qu'on manœuvre, sans trêve, aux postes d'aiguillage ;
Cris des hommes d'équipe à l'entour des bagages[1]*... »*

1. *Ibid.*

J'ai encore raté mon train. Cela devient une manie ! Et le suivant ne part que dans deux heures ! Deux heures à tuer : pas assez de temps pour retourner chez moi. Mécontente, je fais quelques pas dans le hall : deux heures à passer ici, ce n'est pas folichon...

Je suis des yeux le vol d'un pigeon, il se pose sur la balustrade, devant l'entrée du buffet, *Le Train Bleu*, dont les fenêtres ornées de rideaux en dentelle donnent sur les quais. J'aime cet endroit. Je monte les marches. Bien qu'il soit un peu tôt, je vais peut-être pouvoir y déjeuner.

Comme à chaque fois, je suis saisie par la beauté baroque des salles du célèbre restaurant. Les lourdes tentures de velours grenat, les ors des plafonds encadrant des fresques colorées, l'acajou des tables et des chaises, le cuivre des porte-bagages, le linge blanc des nappes, l'argenterie, le personnel empressé appartiennent à une autre époque, celle où l'on prenait le temps de bien se restaurer avant tout départ.

Ici tout paraît calme après le brouhaha qui régnait sur les quais. Seules quelques tables sont occupées. Trois serveurs, le corps ceint d'impeccables tabliers blancs aux plis nettement marqués, bavardent près d'une desserte encombrée de vaisselle en épaisse porcelaine blanche où s'inscrit le sigle du restaurant. Détendue enfin, je regarde autour de moi. Le souvenir d'un dîner, un soir d'hiver où j'accompagnais ma mère et mes enfants partant pour la montagne, me revient...

Il y avait beaucoup de monde, de bruit et de fumée. J'avais mal à la tête et les enfants, excités à l'idée du voyage, se montraient turbulents, se riant des admonitions de leur grand-mère. J'étais trop fatiguée pour lui apporter mon soutien. Heureusement, dès qu'ils eurent été servis, ils se tinrent tranquilles.

« Tu vois, ils avaient faim », releva Maman avec un air de satisfaction.

Je ne me souviens plus de ce que nous mangeâmes, mais seulement de la douleur qui me serrait les tempes. Ma mère, qui avait l'œil à tout, me proposa :

« J'ai de l'aspirine dans mon sac. »

J'avalai le comprimé. Fut-ce le vin ou le médicament ? Très vite, je fus soulagée. C'est alors que je remarquai deux jeunes hommes, la trentaine environ, qui dînaient un peu plus loin. Se voyant observés, ils me sourirent. L'un d'eux leva même son verre en signe de salut, tandis que l'autre me lançait un regard plein de convoitise. Gênée mais ravie, je me sentis belle et désirable.

« Cela a l'air d'aller mieux », remarqua ma mère.

Sans lui répondre, j'allumai une cigarette. Je sentais leurs yeux toujours posés sur moi, cela m'agaçait et me troublait à la fois. Les enfants, eux, s'étaient rendu compte du manège des deux hommes.

« Ils te trouvent jolie, chuchota ma fille à mon oreille.

– Qu'est-ce qu'ils ont à te regarder comme ça ? » grogna mon fils, agressif.

Je fis diversion en leur parlant des plaisirs qui les attendaient aux sports d'hiver.

Le repas terminé et l'heure du départ approchant, une fois réglée l'addition, nous nous levâmes. Les deux hommes aussi, qui se proposèrent tout de suite pour nous aider à porter les bagages jusqu'au train ; j'acceptai.

« Nous avons cru comprendre que vous alliez à Morzine... Nous aussi ! »

Lourdement chargés de nos valises en plus des leurs, ils nous suivirent jusqu'au quai. Parvenue à la voiture où j'avais réservé deux cabines, je les remerciai. Toujours galants, ils insistèrent pour déposer nos bagages à nos places, les installant provisoirement sur l'une des couchettes. À ma demande, le contrôleur ouvrit la porte qui séparait la cabine des enfants de celle de leur grand-mère. Garçon et fille passaient de l'une à l'autre, criant et se bousculant.

« Nous sommes dans le wagon d'à côté... Si vous aviez besoin de quelque chose... », signalèrent nos « porteurs » avant de s'éloigner.

La façon dont cela avait été exprimé me parut pleine de promesses cachées et me fit rougir. Ils prirent sans doute cette rougeur pour une sorte d'acquiescement, car, au passage, ils me frôlèrent plus que ne l'exigeait l'étroitesse du couloir. Déconcertée par ce contact et furieuse de l'être, je me détournai, brusquement envahie par le cafard à l'idée de me retrouver seule à Paris pendant que d'autres partaient en vacances... Très vite, les deux hommes revinrent, débarrassés de leur manteau.

« Nous avons commandé du champagne... Vous venez prendre un verre avec nous ? demanda l'un d'eux.

– Non merci, ce n'est pas possible, le train va bientôt partir.

– Mais nous avons tout le temps, jusqu'à Morzine...

– Je ne pars pas, je ne fais qu'accompagner les enfants, expliquai-je.

– Oh non !... » s'écrièrent-ils avec un bel ensemble.

Devant leur mine désappointée, j'éclatai de rire.

« Venez avec nous, reprit l'un d'eux.

– C'est idiot de rester à Paris pour Noël, ajouta le second.

– Mais je ne peux pas !... Mon travail...

– Vous téléphonerez demain matin à votre bureau pour dire que vous êtes malade... »

Ma fille, qui avait suivi tout l'échange, s'en mêla :

« Oh oui, Maman, viens avec nous ! »

Je l'embrassai et la poussai doucement à l'intérieur de la cabine, brusquai mes adieux à ma mère et aux enfants et descendis rapidement du train. Les deux jeunes gens me suivirent.

« Ne partez pas, nous avons tellement envie de faire votre connaissance... Vous nous plaisez beaucoup. »

Ils me plaisaient aussi, oh comme ils me plaisaient !

Ils se tenaient à présent sur le quai, insistant toujours ; je pensai : « Pourquoi ne pas les suivre ? » et, en même temps : « Je suis folle, je ne les connais pas... et que dira Maman si elle me voit remonter dans le train ? »

L'un d'eux me prit par la taille et m'attira à lui. Je sentais son haleine chaude dans mon cou et mourais d'envie de me serrer contre lui. Il s'en rendit compte et m'entraîna vers le marchepied. J'étais sur le point de céder quand je me dis que je n'avais ni brosse à dents, ni linge de rechange avec moi. Je me dégageai, les portières se fermaient. Ils grimpèrent en hâte et, debout sur le marchepied, leurs mains se tendirent :

« Venez ! Venez ! » suppliaient-ils.

Le train démarrait lentement ; je pouvais encore saisir leurs mains et sauter à bord.

Tout, en moi, le désirait. Je ne bougeai pas et regardai disparaître ces deux hommes avec lesquels j'avais envie de faire l'amour...

Je restai longtemps immobile sur le quai, me traitant de petite bourgeoise coincée, moi qui publiais des livres érotiques et dont beaucoup pensaient que, de ce fait, je ne pouvais être qu'une érotomane, une de ces femmes à qui il ne faut pas en conter !

Je n'ai jamais revu ces deux hommes, et c'est demeuré l'un de mes plus grands regrets amoureux.

Quelques années plus tard, j'imaginai que j'avais finalement pris ce train et, à partir de là, j'écrivis une nouvelle ; elle s'institulait *Léone ou le Buffet de la gare de Lyon.* À présent que d'autres années ont passé, voici que je repense à cette aventure qui n'eut pas lieu et dont j'ai aujourd'hui encore le regret, alors que le remords, lui, si remords il y avait eu, je l'aurais maintenant assurément oublié !

Accoudés devant la vitre du couloir, ils regardaient en silence, sans les voir, défiler les immeubles noirs, troués çà et là par la lumière des fenêtres, de la triste banlieue parisienne. Gérard passa son bras autour de la taille de Léone tandis que Dominique la prenait par l'épaule. Sans honte ni fausse pudeur, Léone se laissait aller au bien-être rassurant qui l'envahissait en même temps que la chaleur des deux hommes. Ils restèrent comme cela longtemps, savourant la certitude des plaisirs à venir. Bientôt les lumières s'espacèrent et il n'y eut plus que le trou noir de la campagne.

Ils entrèrent dans un de leurs compartiments et aidèrent Léone à retirer son manteau. Elle resta debout, les bras ballants, confiante, calme. Seule sa respiration s'était un peu accélérée. Dominique l'attira contre lui en lui embrassant doucement le visage, le cou. Elle sentit son corps se durcir contre le sien, elle tendit ses lèvres et ce premier baiser fut tellement voluptueux qu'elle crut s'évanouir de bonheur. Gérard la retourna contre lui et, à son tour, l'embrassa avec une voracité brutale. Elle gémit. Tandis que Gérard prolongeait son baiser, elle sentit que Dominique faisait glisser la fermeture de sa robe. Sans interrompre leur baiser, il fit glisser les bras de la jeune femme hors du vêtement qui tomba mollement à ses pieds. Elle l'enjamba et se retourna en courte combinaison de soie d'un gris très pâle rehaussé de dentelles ocre. Les mains des deux hommes chiffonnèrent cette douceur. Ils se frottèrent à elle et elle sentit contre son ventre et contre ses fesses leurs sexes durcis. Elle bougea afin de les mieux sentir. Il lui sembla qu'ils durcissaient encore. Gérard abandonna sa bouche et, s'asseyant sur la couchette, baissa les épaulettes de la combinaison et du soutien-gorge de Léone. Les seins apparurent, lourds et splendides. Gérard enfouit son visage en pressant contre sa bouche la masse odorante. Il se recula pour mieux la contempler[1]...

« Vous voulez déjeuner, madame ? » demande un maître d'hôtel.

Arrachée à mes rêveries érotiques, je sursaute.

« Euh... oui. Donnez-moi la carte, s'il vous plaît. »

1. « Léone ou le Buffet de la gare de Lyon », in *Lola et quelques autres*, éd. Fayard, 1993.

GARE MONTPARNASSE
OU
LES AMANTS

« Adieux, gestes d'accueil et chocs de lourds fardeaux
Devant l'alignement des wagons immobiles
Qui sentent le charbon, le cambouis noir et l'huile ;
Disparate cohue aux remous tapageurs ;
Fiévreuse activité des grands débarcadères,
Au battement sonore et brutal des portières,
Dans un énervement croissant de voyageurs
Pressés, qui vont partir, débarquent ou reviennent,
Lestés d'espoir, ou lourds de chagrins et de peines
Sous le hall gigantesque au lumineux vitrail
Où bondissent, bardés de fer, la voix tonnante,
Dans le choc de butoirs et de plaques tournantes,
Les rapides surgis d'un horizon de rails[1]. »

1. *Ibid.*

Gare Montparnasse, le TGV à destination de Tours part à 14 heures. J'ai le temps de manger un morceau dans un des bistrots. Je trouve une place à la terrasse qui donne sur la salle des pas perdus. Je commande un double-expresso, un croissant et un pain au chocolat. Les clients affichent cet air d'impatience inquiète qu'on leur voit souvent arborer dans les gares ou les aéroports. On reste sur le qui-vive, l'œil rivé à une grosse horloge ou sur les panneaux qui annoncent les départs.

Mon déjeuner terminé, j'allume un Roméo et Juliette. La fumée m'apaise.

Écrire un récit ferroviaire n'est guère plus simple qu'échafauder l'intrigue d'un polar ou imaginer un conte érotique. Il ne suffit pas de s'installer dans une gare, billet en poche, pour parvenir à en recréer l'ambiance.

Un bonhomme à la barbe blanche, des sortes de bésicles juchées sur la trogne, la casquette vissée sur le sommet du crâne, lit son journal tout en fumant un mégot de Gitane maïs. Du pouce, il se touche les lèvres avant de tourner les pages. Puis se verse un verre de vin, ajuste ses lunettes, les retire, les tient à bout de bras pour en vérifier la transparence ; elle doit lui sembler douteuse, car il sort de sa poche un mouchoir qu'il déplie et avec lequel il essuie soigneusement les verres.

Je commande un autre café et une orange pressée. Une dame s'assied à la table voisine après m'avoir demandé si cela ne me dérangeait pas ; je lui désigne mon cigare, mais elle sourit, l'air de dire que la fumée et l'arôme ne la gênent en rien. Ses cheveux sont gris et courts, elle est habillée d'un chemisier à rayures blanches et bleues, d'un cardigan d'un joli vert pâle, mais je n'ai pas remarqué si elle portait jupe ou pantalon.

J'opterais pour le pantalon. Elle consulte la carte puis attend, bras croisés, que l'on vienne prendre sa commande. Pour patienter, elle tire *Le Monde diplomatique* de son sac.

En face, à une autre table, un homme lit un ouvrage de T.S. Eliot. Il est vêtu d'une chemise et d'un pantalon en jean et porte par-dessus un blouson de cuir beige.

La lectrice du *Monde diplomatique* a passé sa commande. L'homme au blouson se lève et s'en va. Un couple s'assied à sa place. Le garçon dépose une salade, un demi de bière et une corbeille de pain devant la lectrice du journal. J'extrais de ma provision de livres un roman d'Alex Abella que m'a recommandé un libraire de Bordeaux, *Le Massacre des saints*, dans lequel il est question d'assassins cubains exilés aux États-Unis et de *santería*. Sous leur table, les jambes du couple se sont mêlées ; au-dessus, leurs mains se tiennent ; ils se regardent dans les yeux avec une sorte d'avidité. Le garçon doit leur adresser la parole à deux reprises avant qu'ils ne sortent de leur mutuelle fascination. La commande enregistrée, ils s'en retournent à leur contemplation.

La dame aux cheveux gris les a remarqués, elle aussi. Un vague sourire passe sur ses lèvres. Complices, nos regards se croisent.

Le serveur revient avec deux ballons de cognac. Les mains des amoureux s'écartent pour lui permettre de les poser. Ensemble, ils les soulèvent à hauteur d'yeux, puis les portent à leur bouche. Un peu du liquide ambré coule sur le menton de la fille ; il l'essuie du revers de la main. Elle retient cette main, la retourne et enfouit son visage dans la paume ouverte. On dirait qu'elle la lèche, comme ferait un chiot. Le garçon l'observe avec tendresse.

Je règle mes consommations : mon train part dans dix minutes. Je salue de la tête la dame aux cheveux gris qui me répond d'un léger geste de la main.

Le train s'est ébranlé comme à regret. À présent, il glisse sur les rails.

Aujourd'hui, il fait soleil et cela change tout : les pavillons de banlieue paraissent plus pimpants sous la lumière printanière. Même les hauts immeubles qui les encerclent ne parviennent pas à les enlaidir. Çà et là, des arbres fruitiers bouillonnants de fleurs jettent une note de fragile gaieté. Les gares aux quais presque déserts se succèdent, puis cèdent la place au vert des prés entrecoupé, comme hier, par le jaune insolent des champs de colza. On sent que la nature absorbe avidement les chauds rayons. Le wagon n'est occupé que par quatre ou cinq personnes. Je ferme les yeux.

Le spectacle des amoureux de la gare lui revient. Que faisaient-ils là, alors qu'ils se seraient si bien trouvés dans un lit, à se caresser et faire l'amour ?

Rue Vercingétorix, le garçon connaît d'ailleurs un petit hôtel très accueillant. Il y allait autrefois avec Danielle qui faisait la pute du côté de la rue Saint-Dominique : elle avait pour lui des bontés, comme on dit, et il ne payait que la chambre. Danielle, une sacrée vicelarde ! Elle se prostituait par goût, non par nécessité. Les demandes les plus extravagantes de ses clients ne la rebutaient pas. Elle s'était fait la réputation de consentir à tout et, du coup, ne parvenait pas à satisfaire une trop nombreuse clientèle. Quelquefois, il fallait patienter trois ou quatre jours avant d'obtenir d'elle un rendez-vous. Les autres filles du quartier faisaient la gueule. Un jour, cependant, elle dut accepter un rendez-vous de trop : on la retrouva sur un chantier, non loin du cimetière du Montparnasse, trucidée après avoir été tellement charcutée que les flics eux-mêmes avouèrent qu'ils n'avaient jamais rien vu de pareil. Un travail de pro, avait admiré en connaisseur le légiste.

Elle a dû s'assoupir. Il fait si chaud dans le TGV. Elle ôte sa veste. Le chemisier de soie lui colle à la peau, ses aisselles sont humides ; elle glisse ses doigts dans l'encolure, les retire, les porte à ses narines. Elle aime bien l'odeur de sa sueur mêlée à celle de son parfum. Sous sa jupe, ses cuisses s'écartent tandis qu'elle incline son siège. Une agréable somnolence l'envahit à nouveau.

Dans son demi-sommeil, elle sent un regard d'homme la déshabiller. Ce doit être un rêve, se dit-elle, mais son repos en est dérangé. Elle ouvre à demi les paupières et remarque, en face d'elle, séparé par deux rangées de sièges, un homme qui l'examine en effet intensément, suivant chaque courbe de son corps, s'arrêtant longuement sur ses seins, le creux de ses cuisses qu'elle resserre machinalement.

Son mouvement n'a pas échappé à l'homme qui ébauche un léger sourire. Elle ferme les yeux, comme pour lui échapper. Il lui semble que l'autre lui ordonne de les rouvrir, ce qu'elle fait. À nouveau, le regard de l'inconnu la met nue. Ses lèvres deviennent sèches, elle n'ose y passer sa langue. Malgré elle, ses hanches ondulent, une bouche invisible s'est emparée de son sexe. Qu'est-ce qui me prend ? se demande-t-elle. Fascinée, elle voit la main du voyageur ouvrir sa braguette et, posément, sortir son membre qu'il branle lentement, sans cesser de la regarder. C'est un fou, un maniaque, pense-t-elle en suivant, fascinée, le glissement des doigts sur la queue dressée.

Le « maniaque » semble lui dire :

– Allez, va, qu'est-ce que tu attends ?

Et si le contrôleur... ? pense-t-elle en obéissant à la silencieuse injonction. Quand sa main touche son ventre mouillé, c'est comme une décharge électrique qui lui arrache un gémissement de bonheur, tandis que, sous le chemisier de soie, ses seins se tendent. Ils jouissent ensemble, se remerciant des yeux pour cette complicité d'un moment, puis ils rajustent leurs vêtements, essuient leurs doigts.

Elle se remet à regarder le paysage ; il a repris la lecture de son ouvrage d'informatique.

Le train entre en gare de Saint-Pierre-des-Corps. Je n'ai pas vu le temps passer ; sans doute ai-je dû dormir. Un homme à la mine sérieuse s'efface pour me laisser passer. Je le remercie d'un signe de tête.

GARE DU NORD
OU
LE RETOUR À PONTOISE

« Cela était immense et triste, noyé d'eau, çà et là piqué d'un feu sanglant, confusément peuplé de masses opaques, les machines et les wagons solitaires, les tronçons de trains dormant sur les voies de garage ; et, du fond de ce lac d'ombre, des bruits arrivaient, des respirations géantes, haletantes de fièvre, des coups de sifflet pareils à des cris aigus de femmes qu'on violente, des trompes lointaines sonnant, lamentables, au milieu du grondement des rues voisines[1]. »

1. Émile Zola, *La Bête humaine.*

12 h 02, gare du Nord, départ pour Pontoise.

Pontoise !... c'était il y a si longtemps déjà ! Dans une autre vie. Comme tout me paraissait alors dur, insurmontable ! Pourquoi y retourner aujourd'hui ? Besoin de remettre mes pas dans la trace de ceux d'autrefois ? Désir d'y retrouver des émotions, de comprendre la toute jeune femme que j'étais alors ? Je n'en sais rien. Ce retour à Pontoise s'est imposé à moi, voilà tout.

Le train démarre ; le bruit qu'il fait en roulant est le même que celui d'antan. Le temps est doux et gris, le soleil voilé ne demande qu'à percer la masse changeante des nuages. J'appréhende les souvenirs qui vont m'assaillir ; déjà, mon cœur se serre. Des hangars rouillés, des graffitis, des wagons de marchandises immobilisés sur des voies de garage, des grues rouges... C'est beau, une grue !

À cette heure de la journée, il y a peu de monde dans le compartiment.

Premier arrêt : Saint-Denis, je cherche des yeux la basilique. La végétation qui borde les voies ferrées de banlieue me rappelle des jeux d'enfants dans les terrains vagues, le jeudi : peut-être sont-ce là, désormais, des espaces protégés en voie de disparition ? Y a-t-il encore place, entre les lotissements, pour des mètres carrés d'herbe et de broussailles appartenant aux gamins ? Deuxième arrêt : Épinay-Villetaneuse. De hauts immeubles modernes dominent la gare. Les branches d'un saule servent de balançoires aux moineaux. Des pavillons en pierres meulières, trouées comme des éponges, remarquait Gérard de Nerval, auxquelles s'accrochent des rosiers grimpants. Troisième arrêt : La Barre-d'Ormesson. Jamais entendu parler de ce patelin ! À nouveau des talus foisonnants, d'un vert criard. Après un court tunnel, c'est Enghien-les-Bains où des rhododendrons en fleur accueillent les voyageurs. Des pavillons coquets à l'air trop sage, un champ de courses. Les grappes claires des acacias me font penser aux guirlandes des arbres de Noël. Ermont-Eaubonne. Dans les jardins, les roses sont joufflues, resplendissantes. Sur le quai, un jeune homme à cheveux longs allume une cigarette. Gros-Noyer-Saint-Prix : aucun souvenir de ces noms-là. Si je n'allais pas à Pontoise, je descendrais au hasard et partirais à la découverte de ces communes traversées... Ici et là, les lilas mauves ou blancs finissent de fleurir. J'aperçois un moutonnement d'arbres. Normal : on s'arrête à Saint-Leu-la-Forêt. De jeunes hommes, portant le même blouson de couleur grenat sur lequel on peut lire « Médiation », montent. Vaucelles, Taverny. Un homme au visage marqué, aux cheveux en brosse, s'installe. Les jeunes gens en blouson descendent en riant. De chaque côté de la voie, des potagers bien ordonnés, puis des buissons d'aubépines, de troènes. Bessancourt, Frépillon...

Je me suis trompée de train ! J'ai pris la direction de Valmondois. D'après un voyageur, j'y trouverai une correspondance pour Pontoise.

À Méry-sur-Oise, le voyageur obligeant descend, celui aux cheveux en brosse aussi. Je me retrouve à nouveau seule dans le compartiment. Méry-sur-Oise, Mériel, Valmondois... Me voici arpentant les quais à la recherche d'un cheminot. Les guichets sont fermés, personne pour me renseigner. Un panneau m'indique qu'un train partira pour Pontoise à 13 heures. Près du passage à niveau, je ramasse sur la voie une de ces pierres taillées qui tiennent debout et deviennent des maisonnettes après que j'y ai peint des fenêtres et une porte. Chaque fois que j'en ai eu l'occasion, au hasard de mes voyages ferroviaires, j'ai ainsi ramassé quelques éclats de ballast. Une à une, mes maisons ont fini par former une petite ville. Le plus difficile est de trouver un morceau dont je puisse faire une église.

Assise sur un banc de ciment, je joue avec ma pierre. La cloche d'une chapelle voisine frappe un modeste coup. Une sonnerie grésille... Le convoi entre en gare... Sauvée !

Dans le compartiment, des garçons et des filles portant cartables ou sacs à dos chahutent. Un groupe de lycéennes comparent les mérites de telle ou telle vedette de cinéma. Un bouton qui pendait au bout de son fil achève de se détacher de ma veste ; une minuscule araignée court sur mon avant-bras. Bon ou mauvais présage ?

À Auvers-sur-Oise, je crois entrevoir un instant le fantôme de Van Gogh. Saint-Ouen-l'Aumône : de mauvais souvenirs reviennent... une vaste maison froide en piètre état, un jardin en friche, le manque d'argent, et ma mère qui s'efforçait de mettre un peu de gaieté dans la lugubre demeure en racontant des histoires de loups et de fées à mon fils emmitouflé dans ses couvertures...

Le convoi traverse l'Oise et entre en gare de Pontoise.

Place du Général-de-Gaulle, les brasseries sont toujours là. Sous les arbres s'installent les tréteaux du marché de l'après-midi. J'avais oublié que la rue montant vers la cathédrale était si large, si pentue. Je n'éprouve rien, j'ai seulement faim. À mi-parcours, dans la rue Thiers, je tourne à droite dans une voie au nom de Pierre-Butin, dont la plaque indique qu'il a été fusillé le 12 mai 1942. Je ralentis le pas, jette un coup d'œil à la carte d'un restaurant bourguignon, puis passe devant le portail du Carmel à l'entrée encombrée par un haut camion. J'entrevois une cour, de beaux bâtiments du XVIIe siècle. J'apprendrai plus tard qu'en avril 1610 des carmélites venues d'Espagne s'installèrent à Pontoise en ce lieu qui les abrite toujours. Le Carmel de Pontoise fut le deuxième à s'établir en France après celui de Paris et fut dirigé par la mère Anne de Saint-Barthélemy, disciple de Thérèse d'Avila.

Je poursuis mon chemin. Des policiers bavardent sur le seuil de l'annexe du palais de justice. Je demande à l'un d'eux s'il connaît un bon restaurant.

– L'italien, en face. Les magistrats et les avocats y vont : ce ne peut être mauvais.

Je me range à cet avis d'un évident bon sens et entre *Chez Pietro*. Il y a encore beaucoup de monde, mais une table est libre près de la fenêtre et je m'y assieds. La plupart des clients sont des hommes plutôt jeunes. Presque tous portent des chemises à manches courtes, y compris les serveurs, aimables, comme souvent dans les restaurants italiens. On me présente la carte, je commande une pizza aux trois jambons et un pichet de chianti.

À l'époque où je vivais à Pontoise, il n'y avait pas de pizzeria, ni d'ailleurs aucun établissement proposant de la cuisine étrangère. À présent, chinois, turcs, maghrébins, espagnols prospèrent.

La pizza et le vin sont bons. J'accompagne mon déjeuner de la lecture du dernier Modiano.

Le repas terminé, je monte par une ruelle escarpée vers le parc du château. Je ne suis jamais venue. Il domine l'Oise et la ville entière, les arbres y sont beaux. Il abrite le musée Pissarro : Camille Pissarro, qui vécut dix ans à Pontoise où Cézanne et Gauguin lui rendaient visite. Puis, je me dirige vers la place de l'Hôtel-de-Ville. L'agence du Crédit Lyonnais est toujours à la même place ; en face, il y a un antiquaire dont je pousse la porte. Je lui achète un portrait de femme peint sur bois. Des années 30, je pense. J'aime que le modèle ait les yeux clos.

Fallait-il que je me fasse ce cadeau avant d'affronter la vue de cette maison où je fus jadis gravement malade, et si malheureuse que je voulus mourir ?...

Je traverse le boulevard Jean-Jaurès. La maison se dresse, inchangée. Je n'éprouve rien. C'est maintenant, à l'heure où j'écris, que mon cœur se serre. Je reste là, face à ces mots que je couche sur le papier, habitée d'un chagrin de petite fille, de colères d'adolescente, de regrets de jeune femme. Ne finirai-je jamais de grandir ?...

Je me détourne de cette maison qui n'a pas su se faire aimer de la fille de dix-huit ans que j'étais alors, et poursuis mon pèlerinage. La rue où j'allais faire les courses est devenue piétonne et me mène à la cathédrale Saint-Maclou où j'entre faire brûler des cierges devant les statues de la Vierge et de sainte Thérèse de l'Enfant-Jésus. Je m'irrite que la librairie de la place du Martroy, où j'achetais mes livres, ait disparu, quand, en haut de la place, j'en remarque une autre dont je pousse évidemment la porte. La présence d'un joli rayon « poésie » me rassure : c'est devenu si rare, en province comme à Paris ! J'achète *Le Transsibérien*, de Pierre Gascar, pour son titre qui est une invitation au voyage :

> *Le Transsibérien qui, entre Pékin et Kharbin, ne porte encore que le nom de Transmandchourien, se mit en marche*

avec une extrême lenteur, comme si la longueur du voyage, son caractère légendaire, sinon aventureux, voulaient qu'une certaine solennité en marquât les premières minutes...

La lecture de cette première phrase me fait sourire : mon voyage à Pontoise n'a rien de légendaire, encore moins d'aventureux ! Quoique... L'aventure peut être au bout de la rue, surtout quand elle s'appelle rue des Balais : j'imagine que sorcières et ménagères venaient y faire leurs emplettes.

Cette ville ne manque pas de charme. Murée dans ma souffrance et ma haine, je n'en avais jusqu'ici rien vu. Je marche, pousse un portail quelque part. Je suis dans le jardin public. Je m'assieds sur un banc. Des jardiniers repiquent des fleurs. Devant le kiosque à musique, des enfants jouent. Tout est si calme, tranquille. Je quitte le jardin et vais au hasard des rues qui montent, qui descendent. Je marche... pour oublier quels souvenirs ? J'ai tout oublié. Il ne me reste qu'une impression d'abandon, de tristesse. Cette ville me rappelle qu'ici je fus telle une enfant perdue, sans repères, sans amour. Je m'apitoie sur cette fille qui ne comprenait rien, ne voyait rien, ne savait rien, était fermée à tout et dont les seuls compagnons étaient les livres. Mais un livre a-t-il jamais guéri la douleur de ne pas aimer ?

Elle vient de manquer le train de 20 h 30. Le prochain est à 21 h 30. Une heure à perdre. Que fait-on à Pontoise quand on a une heure devant soi ? La nuit est tombée. La place est vide, comme le sont les terrasses des cafés. Elle entre dans l'un d'eux, celui dans lequel elle achetait ses cigarettes, le dimanche, et qu'on disait malfamé. Elle ne savait pas pourquoi. Quelques hommes debout devant le comptoir la dévisagent. Elle s'installe à une table dans l'arrière-salle. Il y a peu de lumière. Elle commande un café. Appuyée contre le dossier de moleskine rouge, elle ferme les yeux. Quand elle les rouvre, elle découvre en face d'elle un couple. La femme n'est plus toute jeune, l'homme est de type nord-africain. Serrés l'un contre l'autre, ils semblent indifférents à ce qui les entoure. Une main de l'homme enserre le sein de sa compagne, l'autre est sous la table. Elle remarque que la main se faufile entre les cuisses écartées de la femme. Celle-ci glisse sur la banquette pour mieux s'offrir aux doigts qui la fouillent. Elle suit des yeux le mouvement de cette main. Ceux de l'homme la fixent sans qu'il cesse de s'activer. Ce regard sombre lui intime de s'offrir à son tour à la caresse. Elle obéit, s'ouvre et croit sentir une main s'infiltrer en elle. Son bassin bouge au rythme de celui de l'autre femme. Son café refroidit. L'homme accélère son va-et-vient. La femme s'abandonne elle aussi. Bien, disent les yeux de l'homme. La puissance de son regard est telle qu'elle s'entend gémir au diapason de la femme qui lui fait face. Elles jouissent dans la semi-obscurité du sinistre café. Le temps s'est arrêté. Dans un ultime frisson, toutes deux resserrent leurs jambes. Les yeux mi-clos, l'homme sourit. Il appelle le garçon, règle les consommations auxquelles ils n'ont pas touché. Ils se lèvent. La femme rajuste sa jupe.

Sa tasse à la main, elle les regarde sortir. Son café est froid. Elle repose sa tasse, laisse quelques pièces de monnaie sur la table. Il est 21 h 20. À pas rapides, elle se dirige vers la gare.

GARE D'AUSTERLITZ
OU
LA LIGNE DE DÉMARCATION

« Vu d'un compartiment de train, la campagne.
Une purée de vert. Une soupe de vert.
Avec tous ces détails si foncièrement inutiles (arbres, etc.)
Qui surnagent, justement comme des grumeaux
[dans la soupe.
Tout cela donne envie de vomir.

Qu'il est loin, l'émerveillement des années d'enfance !
L'émerveillement de découvrir le paysage filant par la
[fenêtre[1]*... »*

1. Michel Houellebecq, *Renaissance*, Flammarion, 1999.

La gare d'Austerlitz n'est plus ce qu'elle était. Y règne un air d'abandon qui accentue l'ennui qui se dégage de ses voûtes salies à l'éclairage blafard. Finis les flots de joyeux vacanciers en partance vers la mer, le soleil, les Pyrénées, l'Espagne ! Désormais, la gare ne dessert plus que les villes privées de TGV, des villes endormies dans la torpeur provinciale.

En dépit de cela, la gare d'Austerlitz garde toujours pour moi une odeur d'enfance mêlée à celle de la fumée noire des locomotives, au parfum d'encre des illustrés qu'on achetait au kiosque, dans la salle des pas perdus. Ce nom qu'on donne au vaste hall où se pressent les voyageurs me ravissait. Imaginant ces milliers de pas égarés à la recherche d'un chemin qu'ils ne trouveraient peut-être jamais, un vague sentiment d'inquiétude m'envahissait peu à peu à l'idée que les miens propres pourraient rejoindre la cohorte de ceux qui s'étaient déjà perdus...

Plus tard, après la guerre, l'odeur qui prévalait alors dans les compartiments de troisième classe était celle forte de la peau des oranges épluchées qui dominait toutes les autres et que je détestais. Aujourd'hui encore, quand je la perçois en entrant dans un wagon, je fronce le nez de dégoût. C'est d'autant plus étonnant que j'aime les oranges dont je vais, quand je suis seule, jusqu'à manger la peau, mais que pour rien au monde je n'emporterais en voyage. Pourquoi cette banale évocation de train et d'orange m'est-elle désagréable ? À quel souvenir d'enfance précis se rattachent-ils ? Aucun ne remonte à ma mémoire... Cependant... un mot me vient à l'esprit : pauvreté, que j'écris avec un malaise excessif. Je sens là comme une peur vécue par la fillette que j'étais alors. Mes parents n'étaient pas riches, loin de là, mais ils n'étaient pas pauvres. Ma sœur et moi n'avons jamais manqué de rien, ni de jouets, ni de vêtements, ni de livres, ni de cinéma... mais tout me semblait précaire.

Dans l'énervement du départ, ma mère nous houspillait : elle ne se détendait qu'en nous voyant assises, ma petite sœur et moi, de chaque côté d'elle. Pas pour longtemps ! J'enjambais les pieds des passagers et me tenais dans le couloir, le nez collé à la vitre. J'y posais quelquefois les dents, tout en redoutant les cahots. Au bout d'un moment, après m'être assurée que Maman était bien absorbée dans la lecture de son magazine, je me dirigeais vers l'arrière du train où se situait ma place favorite, celle qui donne sur la voie. Et il n'était pas rare que des bandits, des Indiens ou, pire, des Huns lancés à ma poursuite galopassent le long des rails, tentant de grimper à bord et de m'enlever. Je mimais cette traque infernale, bondissant de droite et de gauche, lançant des regards noirs à ceux et à celles qui osaient s'aventurer jusqu'à mon repaire. Toute à mon jeu, j'en oubliais le temps, jusqu'à ce qu'une taloche de ma mère, accompagnée de ses réprimandes, me ramenât à la réalité. Je regagnais ma place, bougonnant, la joue en feu. Je me blottissais dans mon coin, prenais un livre, et là, saisie par le récit, je me tenais enfin tranquille.

Sachant cela, ma mère ne manquait jamais d'emporter dans son sac deux ou trois livres de la Bibliothèque rose. C'est en effet dans le train que je me suis aperçue, en éprouvant un immense sentiment de victoire, que je savais lire « avec les yeux ». Jusque-là, j'avais lu « avec les lèvres », articulant chaque mot à voix basse. Aujourd'hui, je me souviens très bien de cette joie qui me fit sauter sur place dans le compartiment, criant : « Je sais lire avec les yeux ! Je sais lire avec les yeux ! » Cela peut paraître ridicule, mais, encore maintenant, je ressens cette joie de l'enfant que j'étais. La lecture a été le bonheur de vivre de mon enfance, un émerveillement sans cesse renouvelé et qui le reste encore.

« Un aller et retour pour Vierzon, s'il vous plaît. »

Les arbres commencent à prendre leurs teintes d'après l'été. Le brouillard qui les enveloppe amplifie cette impression automnale. Certains, isolés, surgissent tels des fantômes, gardiens d'un univers magique qui rappelle celui des contes de l'enfance. La vitesse du train m'empêche de lire le nom d'une petite gare qui ressemble à celle d'un ancien jeu de construction que j'avais trouvé dans le grenier de Blanche, ma grand-mère. J'entends encore sa voix me disant : « Il est à Jean, fais attention ! » Il y avait dans ces mots, et dans la manière dont ils étaient prononcés, une sévère mise en garde. Jean, c'était son fils, mon parrain, celui qui cassait les jouets de ses sœurs, leur tirait les cheveux, les poussait à faire des bêtises. Il n'aurait pour rien au monde prêté son jeu de construction qui, quarante ans après, semblait toujours sortir du magasin où il avait été acheté.

Le brouillard s'est levé et laisse entrevoir une vague luminosité... Qu'est devenu ce jeu de construction ? Grand-mère est morte, mon oncle a maintenant quatre-vingt-dix ans.

Sous le ciel bas, les champs labourés s'étendent à l'infini. Il monte de ces plaines fertiles un ennui si profond que je ferme les yeux. Ce voyage pour Vierzon prend des allures de pénitence. Nul abbé Séguin ne m'a demandé, en expiation de mes péchés, d'écrire sur ce passé qui « traîne ses restes dans le présent ». Plus facile aurait été pour moi – du moins me semble-t-il – d'évoquer la glaciale figure d'un abbé de Rancé. Mais j'arrive trop tard : l'Enchanteur l'a fait avec une hauteur et une grâce inégalables.

Le train ralentit ; il entre en gare. Je me lève. J'entends les battements de mon cœur.

Vierzon... Brève émotion sur le quai, puis les voix, je les entends... Sa voix : « Régine !... Où est-elle encore passée, cette gamine ? »

Je suis là, tenant d'une main ma poupée, de l'autre mon bien le plus précieux : une valise de carton rouge dans laquelle j'ai entassé un livre, les habits de rechange de ma poupée, mon canevas, mon tricotin qui ressemble à un meunier, un jeu des sept familles, diverses petites choses encore...

« Dépêche-toi, le train va partir ! »

La foule, pressée, me bouscule. Dans le brouhaha, j'entends des ordres lancés dans cette langue dont les seules sonorités me font frémir. Les quais baignent dans une lumière bleuâtre, parcimonieuse. Tout à coup, il y a comme un vide autour de moi ; les voyageurs ont disparu. Je tourne sur moi-même : il n'y a plus que des soldats allemands vers le bout du quai. Ils approchent, tenant leur fusil contre leur poitrine. Je sais qu'ils sont méchants, c'est Papa qui me l'a dit. Je devine – plutôt que je ne comprends – ces mots péniblement articulés : « Tu as perdu ta maman, petite ? »

Je secoue la tête, serre les lèvres ; on ne parle pas à un Boche, a ordonné Grand-mère. Celui-là, il s'est accroupi devant moi et son casque se trouve maintenant à hauteur de mon visage. Pourquoi me regarde-t-il de cette façon, avec ce sourire triste ?

« Ah ! te voilà... Où étais-tu passée ? »

Je me jette dans les bras de ma tante, elle se dégage et m'entraîne par la main. À ce moment précis, le trop fragile fermoir de la valise rouge s'ouvre et tout son contenu se répand sur le sol. Les crayons de couleur roulent en même temps que la petite balle multicolore, des marrons aussi, et le jeu de cartes s'éparpille... Je reste stupide, mon petit bagage ouvert pendant au bout de mon bras. Une gifle m'arrache à mon ébahissement. Avec l'aide de Gogo – c'est ainsi que l'on surnomme ma tante –, je rassemble mon « drigaille », selon le mot qu'on dit dans la famille. À présent, Gogo marche à grands pas, me tirant derrière elle. Là-bas, les soldats rigolent. Par la suite, j'entendrai souvent parler de cette petite valise rouge.

J'avais six ou sept ans...

Je secoue la tête pour chasser ces images. Du café où je me suis installée, j'aperçois le square où Chantal, ma sœur, et moi, assises dans notre poussette à deux places, avons été photographiées en costume du dimanche. Nous avons habité ici, autrefois. Je me souviens fort bien des promenades en forêt que nous faisions avec mon père, mais je n'ai aucun souvenir des appartements meublés dans lesquels nous logions. Je n'en connais d'ailleurs plus les adresses ; ce n'était pas très loin de la bijouterie, m'a indiqué ma mère. La bijouterie !... La bijouterie L. où, durant plus de quarante ans, a travaillé ma tante.

Nous revenons de la gare. Il fait nuit. Nous marchons dans l'obscurité, croisant de vagues silhouettes. Je serre la main de Gogo. Avenue de la République, nos pas résonnent ; les ombres ont disparu. Nous avançons, seules dans la nuit, comme dans la chanson : « *Seule dans la nuit, main dans les poches, / Je vais toujours cherchant l'oubli / D'un malheur infini... / Seule dans la nuit, monde inconnu...* » Qui chantait cette chanson-là que ma mère aimait à fredonner ?

« On arrive bientôt. »

La voix de ma tante me fait sursauter. Plus loin, elle chuchote en regardant autour d'elle : « On est arrivées. » Elle fouille dans son sac d'où elle sort un trousseau de clés qui s'entrechoquent. Dans le silence, ce bruit me semble assourdissant.

« Tiens-moi la lampe. »

Elle me tend une lampe électrique. À sa lueur, je remarque que nous nous trouvons devant le rideau de fer d'un magasin. Une clé tourne dans la serrure. Une porte s'ouvre dans le rideau, puis celle de la boutique à l'intérieur de laquelle Gogo me pousse. Elle referme les deux portes sur nous et me reprend la lampe des mains. Elle s'éloigne, me laissant seule dans le noir ; j'entends les battements de mon cœur. J'ai peur, mais j'aime bien. Tout à coup, une lumière vive s'allume, me blessant les yeux. Tout brille autour de moi, des timbales en argent, des pendules, des chaînes en or, des montres, des colliers, des médailles, des bracelets... Je pense – car je viens de lire *Les Mille et Une Nuits* : « Me voici dans la caverne d'Ali Baba ! »

Derrière ma tante, je gravis un escalier étroit qui mène à son appartement, sous les toits. Toujours à sa suite, j'entre dans le studio. Elle tourne l'interrupteur près de la porte ; la pièce baigne dans la clarté rose que diffusent ses abat-jour de soie, adoucissant un papier peint trop sombre, rayé de jaune et portant de grosses fleurs stylisées. Sur le dessus de lit en satin, des coussins brodés et une poupée assise dans les volants étalés de sa robe. Alentour, une petite table, deux chaises recouvertes d'une tapisserie rappelant le papier des murs, et un fauteuil crapaud d'un rose foncé. Deux tables de chevet, une étagère chargée de livres, de bibelots, d'un vase en grès provenant de la fabrique familiale, et d'un phono bleu marine. Sur le parquet sombre en pente légère et qui grince sous les pas, un tapis aux motifs fleuris. Ma tante s'assure que les rideaux de la fenêtre sont bien tirés.

« Tu dois avoir faim », me dit-elle. J'acquiesce. « Viens avec moi dans la cuisine, je vais te préparer quelque chose. »

Nous redescendons un étage. Dans l'étroite cuisine, Gogo s'affaire, fait bouillir de l'eau sur un réchaud électrique. Il fait très chaud dans la petite pièce ; je somnole sur ma chaise. Bientôt, elle pose devant moi une assiette creuse remplie d'une sorte de crème blanchâtre. Pourvu qu'il n'y ait pas de grumeaux : je déteste les grumeaux, ils me donnent envie de vomir ! Je soulève la cuiller et en examine le contenu d'un œil inquiet. Gogo, assise en face de moi, avale sa bouillie.

« Mange !... Qu'est-ce que tu attends ?... Ça va refroidir... »

J'hésite :

« Qu'est-ce que c'est ?

– De la soupe au chat.

– De la soupe au chat ? »

Je goûte. Ce n'est pas mauvais... C'est même très bon !

Par la suite, je me suis souvent régalé de la « soupe au chat », mais jamais, même bien des années après, je n'ai pu savoir de quoi elle était faite, ni pourquoi Gogo l'appelait ainsi : c'était son secret.

J'aime beaucoup venir passer quelques jours chez cette sœur aînée de Maman. Dans la journée, pendant qu'elle travaille à la bijouterie, je reste dans la chambre à lire, à jouer à la poupée et, surtout, à écouter de la musique. En effet, elle m'a permis de faire marcher le phono dont j'adore tourner la manivelle. Ainsi qu'elle me l'a montré, je pose l'aiguille avec précaution sur le disque ; la voix d'Édith Piaf me fait frissonner.

Quelquefois, désobéissant à la consigne, je descends dans le magasin où Mme L., imposante derrière sa caisse, le cheveu bien coiffé, m'adresse un sourire pincé. Son fils et sa belle-fille se montrent à peine plus aimables et ne me quittent pas des yeux, tout en continuant à servir la clientèle. Je passe mon doigt sur les vitrines, m'attarde devant celle des bagues de fiançailles dont j'admire les pierres précieuses. Je prends un air désinvolte en contemplant les colliers de perles qui plairaient sûrement à Maman. La cliente dont s'occupait Gogo enfin partie, ma tante me prend par la main et me reconduit à l'escalier en chuchotant : « Je t'avais dit de ne pas descendre. Mme L. ne veut pas te voir dans le magasin ! » Je remonte tristement les marches. À mi-étage, je m'arrête pourtant à la hauteur du recoin qui sert à « l'ouvrier » d'atelier de réparations pour les montres et les pendules ; je n'ai jamais su le nom de cet homme voûté, sans âge, toujours vêtu d'une blouse grise, la tête sempiternellement penchée sur son établi, une loupe d'horloger vissée à l'œil droit et que tout le monde, à la bijouterie, n'appelait qu'ainsi : « l'ouvrier ». Il ne me parlait pas, mais me laissait observer ses mains si habiles à démonter et remonter les plus minuscules engrenages.

Le soir, le dernier client parti, ma tante retirait le bec-de-cane de la porte, vérifiait la caisse avec ses patrons, mettait au coffre les pièces les plus précieuses, refermait la porte derrière ses employeurs après avoir descendu le rideau de fer. Elle balayait ensuite le carrelage et passait la serpillière. Quand elle en avait fini, il était huit heures du soir. Elle remontait enfin se laver les mains et se donner un coup de peigne.

Lorsque je me trouvais chez elle en fin de semaine, son labeur terminé, Gogo enfilait un manteau, posait un béret ou un bonnet sur ses cheveux courts et ondulés ; elle se munissait d'un grand sac dans lequel elle plaçait des provisions et un air joyeux la prenait alors : ce soir, elle dormirait « chez elle », là-bas, en haut de la côte ! Chez elle, Gogo pouvait recevoir ses frères et sœurs, ses neveux et ses rares amis, sans craindre la suspicion des L.

Pourquoi n'ai-je gardé de cette époque que des souvenirs de nuit, de couvre-feu, de froid et d'hiver ?

Je tiens sa main et elle adapte son pas au mien. La nuit est noire, il n'y a plus personne dans les rues. Gogo m'a confié la lampe électrique dont le mince filet de lumière éclaire les pavés qui défilent devant nous. Nous traversons un premier pont. Les murs des immeubles, de part et d'autre de la rue, me paraissent très hauts, hostiles. Parfois, des bruits de voix, de vaisselle, ou l'écho d'une radio s'échappent d'une fenêtre ou d'une porte, mais de lumière, point. Des miaulements coléreux déchirent le silence, des aboiements leur répondent. Nous marchons, la rue des Ponts me paraît bien longue. Nous traversons un autre pont tandis qu'un maigre croissant de lune se reflète dans l'eau. Nous voici sur le troisième pont. Je n'ai jamais su lequel des trois enjambait le canal du Berry, ce canal dans lequel mon arrière-grand-mère, Louise, s'est jetée par désespoir d'amour...

Il me semble que Gogo a ralenti le pas. Sa main serre si fort la mienne qu'un gémissement m'échappe malgré moi, car moi aussi je ressens tout à coup l'angoisse qui l'étreint. D'un timbre sourd, elle m'ordonne d'éteindre la lampe. Là-bas, après le pont, quelque chose de sombre barre la route. À mesure que nous approchons, des rires, des éclats de voix nous parviennent. Bientôt, je sens une odeur de tabac. Nos pieds avancent à regret. Nous nous arrêtons devant un petit bâtiment construit au beau milieu de la rue. De chaque côté, une barrière interdit le passage : c'est la ligne de démarcation.

Ma tante tend son sauf-conduit qu'un Allemand examine attentivement à la lueur de sa lampe torche. Puis il en dirige le faisceau sur nos visages, tour à tour, avant de rendre les papiers :

« Bonne nuit, mademoiselle Marguerite. »

Nos pas sont plus légers, Gogo fredonne entre ses dents « Vous n'aurez pas l'Alsace et la Lorraine... » et j'ai envie de rire. Il me semble qu'en haut de la côte est un pays merveilleux, plein de chansons et de lumières : nous sommes en zone libre !

Pourquoi a-t-elle accepté de se rendre à cet anniversaire, de l'autre côté des ponts ? Ses chaussures à semelles de bois font un bruit retentissant dans cette rue d'où les passants ont disparu, comme absorbés par le génie des eaux du Cher. Dans cette région riche en légendes et en superstitions, rien de moins invraisemblable, pourtant, que des divinités aquatiques malfaisantes ! Sur le pont qui enjambe le canal, un vent froid plaque ses vêtements contre ses cuisses que protège si peu sa dernière paire de bas convenable. Le vent soulève sa courte jupe, à la recherche de la peau fragile, juste au-dessus des bas. Elle frissonne. Un couple se tenant par la taille la dépasse. L'homme se retourne. L'obscurité ne permet pas d'entrevoir son visage. Sans doute ces deux-là rentrent-ils chez eux, pressés de se mettre au chaud. Elle soupire. Ce n'est pas de sitôt qu'elle se blottira contre son amant. Il est là-bas, prisonnier en Allemagne depuis bientôt un an. Un an sans baisers, sans caresses... Des larmes lui montent aux yeux.

« Zut ! mon Rimmel... »

De la poche de son manteau elle sort un fin mouchoir blanc, brodé à ses initiales, et s'immobilise un instant pour tapoter délicatement ses yeux. Elle repart. Sur son passage, une porte claque, une radio grésille, un nouveau-né pleure, un chien aboie, une mère chante une berceuse, un homme crie, un autre rit, des enfants se disputent, une femme appelle : « À table !... »

Elle aime sentir toutes ces vies invisibles palpiter autour d'elle. Parfois, un filet de lumière s'échappe même d'une porte ou d'une fenêtre. Sur certaines maisons, elle peut lire : *« Abri : 8 personnes »* ; dix ou quinze, rarement plus. Il ne manquerait plus qu'il y ait une alerte ! Elle n'aimerait pas se retrouver coincée dans une cave avec des inconnus. Déjà qu'elle rechigne à descendre aux abris de l'immeuble où ils habitent, ses parents et elle. Elle ne peut s'empêcher de revoir les images d'actualité du *Majestic* montrant des corps mutilés par les bombardements et faisant état de personnes ensevelies sous les décombres. C'est sa grande hantise, être ensevelie vivante sous des tonnes de gravats.

Elle essaie de chasser ces visions sinistres. Elle arrive à hauteur du deuxième pont. De là, elle embrasse l'immensité du ciel...

Sur le pont, une nouvelle rafale de vent la fait vaciller. Elle rêve d'un verre de vin chaud. La dernière fois qu'elle en a bu, c'était avant la guerre, avec son amant – son « fiancé », préfère dire sa mère –, une veille de Noël à Chamonix. Elle en avait pris deux verres et ils lui étaient montés à la tête. Elle se souvient de ses joues brûlantes, puis des lèvres fraîches, parfumées à la cannelle, de Raymond.

Allons, elle ne doit pas songer à lui, ce soir ; ce soir, c'est l'anniversaire de sa meilleure amie qui, elle, a la chance d'habiter en zone libre. Grâce à elle, du beurre et du pain blanc viennent améliorer de temps à autre l'ordinaire.

Elle atteint maintenant l'entrée du troisième pont. Le temps de vérifier qu'elle s'est bien munie de son laissez-passer et de sa carte d'identité, inconsciemment elle a ralenti le pas et ses jambes lui sont devenues lourdes.

C'est la première fois qu'elle se présente seule au contrôle de la Ligne. D'un côté à l'autre de la voie, deux sentinelles passent et repassent. À la guérite, trois personnes attendent devant elle. La porte du baraquement qui abrite les soldats s'ouvre et une bouffée d'épaisse chaleur s'en échappe, mêlée de relents de tabac, d'étoffes mouillées, de vinasse et de transpiration. Malgré elle, son nez se plisse de dégoût. Le préposé aux laissez-passer prend un temps fou pour examiner celui de l'homme qui la précède. C'est alors qu'elle remarque, sous une veste trop mince pour la saison, la raideur de son dos. Une musette lourdement chargée pend à son épaule et il porte une casquette vissée sur ses cheveux bruns. Le préposé jappe un ordre, l'homme tressaille, puis pénètre dans la baraque. Il en ressort au bout d'une dizaine de minutes, la casquette à la main, et part à grands pas. En le voyant s'éloigner en zone libre, elle pousse un soupir de soulagement. C'est maintenant son tour. Le sous-officier la reconnaît ; il est physionomiste et la jeune Française est si mignonne...

« Entrez vous réchauffer, mademoiselle.

– Je n'ai pas froid, merci beaucoup, monsieur.

– Où allez-vous, comme ça ? Ce n'est pas prudent, une jolie demoiselle toute seule, la nuit...

– Je vais chez des amis... J'ai un *ausweiss*, répond-elle en lui tendant son laissez-passer.

– Ça va, amusez-vous bien. »

Elle marche d'un pas rapide et prend la première rue à sa gauche, qui descend vers le bras du Cher. Il fait très sombre, elle allume sa lampe. Heureusement, la maison de Josette n'est pas loin. Elle pousse le portail entrouvert ; les graviers de l'allée crissent sous ses pas, le chien aboie en tirant sur sa chaîne. La porte de la villa s'ouvre, une musique de jazz s'en échappe.

« C'est toi ? demande une voix gaie.

– Oui, c'est moi.

– Tout le monde est là... Entre vite. »

Josette entraîne son amie vers le salon dont on a repoussé les meubles le long des murs. La lumière vive l'éblouit, la chaleur l'enveloppe ; elle cligne des yeux.

« Voici ma meilleure amie ! »

On l'entoure, on la félicite d'avoir bravé le froid et franchi la ligne de démarcation. Elle connaît presque tout le monde. Avant la guerre, ils se voyaient souvent. Maintenant, c'est plus difficile. Beaucoup redoutent de passer de la zone libre à la zone occupée.

« Viens voir le beau cadeau d'anniversaire que j'ai reçu ! crie Josette en la tirant vers une pièce voisine.

– Jean ! s'exclame-t-elle en se jetant dans les bras d'un jeune homme. Que je suis heureuse de te revoir ! Quand es-tu rentré ?

– Les Fritz m'ont libéré il y a une semaine. Le temps d'arriver ici...

– Et Georges, quand reviendra-t-il ?

– Bientôt. C'est une question de jours. Ne t'inquiète pas, il va bien... Tiens, je te présente un camarade qui, lui, s'est évadé il y a maintenant six mois... Pierre, voici l'amie de ma sœur. »

Elle reconnaît alors l'homme à la nuque raide de la ligne de démarcation.

« Vous êtes passé juste devant moi », lui dit-elle.

Il sourit.

« Venez danser. »

Cela fait longtemps qu'elle n'a pas dansé. Elle se tient gauche devant lui. Peu à peu, elle s'assouplit au rythme de la musique et des voix des *Andrew Sisters*. Pierre la serre fort contre lui ; il danse bien. Le disque terminé, il la conduit au buffet. Il y a du saucisson, du pâté, des fromages et du pain blanc : un véritable festin ! Elle avale sa salive.

« Où as-tu trouvé tout ça ? demande-t-elle à son amie.

– Le marché noir, tu connais ? »

Elles rient.

« Tiens, goûte-moi ces rillettes, et dis-moi ce que tu en penses...

– Hum ! fait-elle la bouche pleine. Délicieuses... elles sont délicieuses !

– Bois un coup, tu vas t'étouffer... »

Deux tartines de rillettes puis une de fromage, arrosées d'un bon vin de Loire : elle voit la vie en rose. Jean l'invite pour un tango. Il n'a rien d'un danseur argentin, mais il ne se débrouille pas trop mal. Puis c'est de nouveau Pierre qui la fait danser. Elle se laisse emporter. Son corps suit chacun des mouvements de son cavalier. Elle ferme les yeux : ce soir, la guerre est loin ; finis le froid, les restrictions, les *ausweiss*, les alertes, le marché noir... Quand la musique s'arrête, ils dansent encore et encore... Le couvre-feu ! Elle a oublié le couvre-feu, et ses parents vont s'inquiéter.

« Ce n'est pas grave, tu vas dormir avec moi... J'ai un grand lit et on les préviendra demain », lui dit Josette.

Jusqu'à deux heures du matin, elle danse, puis s'écroule sur le canapé où elle s'endort aussitôt. Les invités sont partis, chacun est allé se coucher. Josette a renoncé à la réveiller. Elle lui retire ses chaussures et la recouvre d'un gros édredon. Avant de quitter la pièce, Jean a mis dans le poêle une pelle de charbon.

Le carillon de l'horloge sonne. Le poêle ronfle doucement, la lueur du feu passe au travers des carreaux de mica. Elle entrouvre les yeux, elle a chaud. Sous l'édredon, elle retire sa robe. Elle soupire de bien-être. Ses yeux se ferment en regardant les petites flammes du charbon... Elle rêve. Les mains de son amant la caressent tout doucement, retirent ses bas, sa gaine-culotte qu'il appelle une « prison ». Elle rit dans son sommeil et se soulève pour l'aider... Enfin nue contre sa peau nue, elle s'abandonne comme jamais elle ne s'est abandonnée... Il embrasse ses lèvres, ses seins, lui chuchote des mots tendres auxquels elle répond, les yeux clos... Le plaisir monte en elle, elle crie son plaisir... Il se retire et se répand sur le ventre frémissant. Comme elle est belle, ainsi anéantie, avec ce sourire aux coins des lèvres !

« Regarde-moi », murmure-t-il.

Elle secoue la tête, toujours souriante, mais n'ouvre pas les yeux.

Elle s'éveille tard dans la matinée.

« Debout, paresseuse !... Jean est parti, il m'a chargée de te dire au revoir. Son copain Pierre aussi : il avait l'air malheureux de s'en aller sans t'avoir revue. »

Elle accueille la nouvelle avec indifférence et s'étire sous l'édredon :

« J'ai rêvé qu'il était revenu et que je faisais l'amour avec lui », murmure-t-elle en caressant son ventre humide.

GARE DE L'EST
OU
LA FLEUR AU FUSIL

« Les trains rêvent dans la rosée au fond des gares...
Ils rêvent des heures, puis grincent et démarrent...
J'aime les trains mouillés qui passent dans les champs,
Ces longs convois de marchandises bruissant
Qui, pour la pluie, ont mis leurs lourds manteaux
[de bâches,
Ou qui dorment des nuits entières dans les garages...
Et les trains de bestiaux où meuglent mornement
Des bêtes qui se plaignent au village natal[1]*... »*

1. Henry Bataille, *Les Trains.*

Il fait sur Paris un temps d'hiver. Un vent froid soulève mes cheveux. Sur le trottoir mouillé, les feuilles des platanes du boulevard de Strasbourg finissent de tomber. Tout est gris : les immeubles, le ciel sur lequel se détache la gare de l'Est, souveraine au bout de l'allée triomphale qui y mène. Cette « cathédrale de l'Humanité nouvelle », selon Théophile Gautier, a été construite en deux ans, de 1847 à 1849 – ainsi que me l'apprend un panneau planté devant les grilles qui entourent la cour –, devant l'embarcadère du Chemin de fer de Strasbourg érigé sur l'emplacement de l'ancienne foire Saint-Laurent.

Dans le vaste hall des départs, l'immense tableau d'Albert Herter, daté de 1926, est toujours à sa place. Comme chaque fois que je me trouve ici, gare de l'Est, je m'arrête et lève longuement la tête pour le contempler : à la portière d'un compartiment de troisième classe se tient un jeune homme en bras de chemise brandissant un fusil dans le canon duquel est glissé un bouquet, tandis que, sur le quai, des soldats en pantalon garance serrent dans leurs bras des enfants ou de vieux parents éplorés ; à leurs pieds, des paniers remplis de victuailles et de bouteilles de vin.

Je ne me lasse jamais de contempler ce tableau qui donne au hall froid un peu de couleur et d'humanité. Il a été offert par le peintre « à la France victorieuse, en souvenir de son fils, Everit-Albert Herter, tombé glorieusement au bois Belleau, devant Château-Thierry, le 13 juin 1918 ». À la cérémonie de remise de la décoration murale assistèrent le maréchal Joffre, le ministre de la Guerre et l'ambassadeur des États-Unis. Le tableau fut placé sur le quai de tête des lignes de banlieue.

Je passe devant le Monument aux morts érigé, face aux voies, à la mémoire des cheminots de l'Est tombés pour la France. Les gerbes et les couronnes du 11 Novembre achèvent de se faner au pied des drapeaux tricolores. Près du mémorial, des plaques de marbre rappellent que « de cette gare partirent des milliers de patriotes français pour le tragique voyage qui devait les conduire dans les camps de torture et de mort de l'Allemagne nazie », que soixante-dix mille Juifs de France furent déportés, dont onze mille enfants, et qu'il n'y eut parmi eux que deux mille cinq cents survivants. De là aussi, nombre de jeunes gens furent contraints de partir pour le travail obligatoire dans les usines allemandes ; beaucoup n'en revinrent jamais... Je me recueille devant la crypte du souvenir. Un groupe d'adolescents passe en riant. Que représentent pour eux ces plaques, ces drapeaux, le 11 Novembre ? Pas grand-chose, sans doute. Je donne un coup d'arrêt aux pensées moralisatrices et cocardières qui me viennent à l'esprit : la vie continue, et c'est très bien ainsi !

Le tableau d'affichage m'indique que mon train part à 12 heures 30. Je n'ai plus que quelques minutes pour l'attraper. Peu de monde, à cette heure : des dames d'âge mûr, quelques retraités, certains déjà plongés dans la lecture de journaux ou de livres. Doucement, le convoi s'ébranle. Après le froid des quais, la chaleur de la voiture m'engourdit.

Une belle voix rauque m'arrache à l'engourdissement : elle propose des boissons chaudes ou fraîches, des sandwichs et des plats. Le son de la voix suggère des mets appétissants, de capiteux breuvages. Malgré moi, je souris en pensant à la tristesse des voitures-bars qui ont remplacé les wagons-restaurants de naguère, lesquels réservaient quelquefois d'agréables surprises culinaires.

Je me prends à rêver au temps où les premiers wagons-bars firent leur apparition, à la fin du siècle dernier. Ils ressemblaient alors à de vrais bistrots avec leur comptoir en zinc, leurs tables de bois, leurs chaises et leur éclairage. On y prenait, selon l'heure, son petit déjeuner ou l'apéritif. On y jouait aussi à la manille ou au trictrac. Les femmes enchapeautées y gardaient leurs gants, et les hommes leur chapeau ou leur casquette. La fumée y dominait, épaisse ; l'odeur forte de l'alcool y luttait contre celle de la bière et l'arôme du café contre celui du chocolat.

Ces évocations ont réveillé ma faim. Je me dirige vers la voiture-bar avec un vague espoir... vite déçu au spectacle de ce qui est proposé à ma convoitise ! Derrière le comptoir qui la sépare des passagers officie une femme brune. Sa voix est celle que j'ai entendue tout à l'heure, basse et chaude. Je la regarde, intriguée par ses intonations. Deux hommes prennent les cafés qu'elle leur tend et glissent un compliment. Elle secoue ses cheveux avec un petit rire. Je l'observe plus attentivement ; elle est plutôt massive, les traits de son visage sont épais, mais ses yeux, très maquillés, sont beaux, et leur regard est tendre. Le rouge des lèvres, agressif, met en valeur la blancheur des dents. Les mains, dont les ongles sont peints du même rouge, écaillé par endroits, sont larges. Trop de bagues en soulignent le manque de grâce.

J'emporte le croque-monsieur demandé avec une bouteille de jus de fruits et m'installe sur un tabouret inconfortable. Près de moi, un couple achève son repas.

« Quand elle parle, on dirait un homme, murmure la femme.

– Ah ! Tu crois ? » fait le mari avec indifférence.

Amusée, je grignote l'insipide et caoutchouteux croque-monsieur tout en regardant celle que j'appelle déjà « le Travelo ». Je me lève, commande un café et m'installe un peu plus loin sur une banquette. Peu à peu, un autre visage, une autre silhouette se substituent aux siens.

Le « Chemineau » – c'est ainsi que je l'ai tout de suite surnommé – est entré dans ma vie il y a longtemps déjà. Je m'occupais alors d'une librairie, rue Dauphine, où il avait pris l'habitude de venir bavarder et acheter aussi, parfois, quelques livres. J'appris ainsi qu'il était économiste et voyageait beaucoup en Afrique afin d'aider au développement du continent. Il avait une façon bien à lui, plutôt désinvolte, de parler de son travail qui, par ailleurs, le passionnait – ce qui me surprenait. Ses goûts littéraires le portaient à l'éclectisme : il aimait Marx et Arsène Lupin, Jack London et Simenon, Cravan et saint Jean de la Croix, Paul Celan et Pablo Neruda, Pascal et le Che, Rimbaud et Hemingway, les auteurs précieux du XVIIe siècle et les romanciers noirs américains. Il se montrait drôle, curieux de tout, profondément différent. Cependant, je percevais, derrière ses rires et ses plaisanteries, un grand désarroi. Par moments, il y avait comme des larmes dans ses yeux.

Mes préoccupations quotidiennes m'empêchaient alors de me pencher sur les siennes. Peu à peu, il en vint pourtant à m'avouer son tourment : il n'était pas celui que je voyais, mais une femme dissimulée dans un corps d'homme. Je faillis éclater de rire, tant rien en lui ne suggérait une quelconque féminité. Très sensible, il remarqua mon incrédulité moqueuse et je vis qu'il en était blessé. Je ne sais plus ce que je lui répondis alors, mais je dus me montrer convaincante, puisque je devins sa confidente. Et, au fil des années, j'assistai à sa transformation. J'ai toujours refusé de le rencontrer habillé en femme ; je l'ai seulement vu en photo, gauche et mal rasé au début, la perruque de travers, puis épilé, manucuré, joliment coiffé, vêtu tour à tour de dessous sages ou affriolants, de robes pour jeune fille ou pour putain. Pour soubrette, aussi, car il aimait se soumettre aux caprices d'une maîtresse – rôle que je me suis toujours refusée à jouer tant je craignais que le grotesque de certaines situations ne l'eût emporté en moi.

Rien de tout cela n'a pu entraver une amitié qui n'a fait que se développer au fil des ans, et, lorsque je reste sans nouvelles de lui – d'elle – pendant quelque temps, je sens qu'il – ou elle – me manque...

« Vous avez besoin d'autre chose ? »

La belle voix grave l'a fait tressaillir ; elles sont seules dans la voiture-bar.

« Je m'appelle Claude, et vous ? »

Sans attendre la réponse, elle s'assied auprès de la voyageuse. Les deux femmes se regardent avec sympathie. Claude se penche et dépose un baiser sur sa tempe.

« Vous sentez bon. »

Elle ne s'est pas reculée, attentive soudain. Les lèvres trop rouges se posent sur son cou tandis qu'une main se faufile dans l'échancrure de son chemisier et caresse un sein dont la pointe s'érige aussitôt.

« Je savais bien que vous aimiez les filles », dit la barmaid en la pinçant.

« Je suis folle, pense-t-elle ; n'importe qui peut passer ! » Sans doute l'employée des chemins de fer s'est-elle fait la même réflexion, car elle se lève et l'entraîne derrière son comptoir de vente :

« Là, nous serons plus tranquilles. »

Adossée à la paroi tressautante entre le four à micro-ondes et le réservoir d'eau chaude, elle se laisse faire, comme détachée d'elle-même et, cependant, en éveil. Elle ne proteste pas lorsque Claude, accroupie, fait glisser sa culotte le long de ses jambes et enfouit son visage entre ses cuisses qui, docilement, s'écartent. Elle s'entend gémir sous la langue habile et les doigts qui la fouillent...

Des éclats de voix les arrachent à leurs jeux. Claude se relève et, souriante, accueille les arrivants cependant qu'elle-même, frustrée, remonte sa culotte et rabaisse sa jupe.

« Qu'est-ce que ce sera pour ces messieurs-dames ?

– Deux sandwichs, une bière et un Coca. »

Claude revient vers elle, prend les sandwichs et, de l'autre main, la retient.

« Reste, je n'en ai pas pour longtemps », ordonne-t-elle d'un ton comminatoire qui l'agace.

Malgré cela, elle ne bouge pas et s'assied sur une caisse tout en se demandant ce qu'elle fait là. Le contrôleur passe, se penche et la remarque.

« Voiture 21, n'est-ce pas ? J'ai vérifié votre billet tout à l'heure. »

À l'oreille de sa collègue, il ajoute sans cesser de regarder la jeune femme :

« Sacrée Claude ! Encore une conquête ?... Fais gaffe au chef ! »

Les clients partis et le contrôleur aussi, l'employée revient vers elle.

« Faites pas attention, c'est un blagueur... Nous ne serons plus dérangées, j'ai bloqué les portes. Voulez-vous boire quelque chose ?

– Non, merci... Vous fumez ? demande-t-elle en sortant un paquet de cigarettes de sa poche.

– C'est interdit ici, vous ne le saviez pas ? » fait-elle, souriante, en en prenant une.

Pendant quelques instants, les deux femmes fument en silence. La voyageuse se lève, éteint sa cigarette dans l'évier et se plante devant sa compagne. De son genou levé, elle frotte le sexe de l'autre au travers de sa jupe bleu marine. Le regard de Claude se trouble. Elle tente d'écarter le genou, mais sa partenaire le lui interdit du regard. Sans cesser son mouvement, elle détache les boutons du chemisier, fait glisser l'épaulette d'un caraco de soie prune et presse ses seins l'un contre l'autre. Elle sent, sous la jupe, une tension qui se développe au point de former une étrange protubérance.

« Tu aimes ?... Ça te fait bander, salope ! »

Claude tend les mains vers les seins offerts. Elle se recule.

« Ne me touche pas ! Relève ta jupe... Là, c'est bien. Tu portes une gaine ?... Retire-moi ça, coquine, ta pauvre petite queue doit être trop serrée... Pas si petite, d'ailleurs... Tiens, mets ça. »

Elle pose un pied sur la caisse, attire à elle le bel engin et, lentement, s'enfonce en lui. Claude geint doucement. « Comme une fille », pense-t-elle. Elle jouit brusquement. Son ventre s'est refermé sur sa proie qui lui fait à son tour l'hommage de son plaisir. Elle se dégage. Un peu de sueur perle au-dessus de sa lèvre. Ils se regardent, encore haletants.

« Je dois avoir une de ces têtes..., dit Claude en lavant son sexe sous l'eau du robinet.

– Ton Rimmel a coulé et on commence à voir ta barbe.

– C'est vrai ? reprend-il, horrifié, tout en portant la main à son visage.

– Je blague... Va te recoiffer et te remettre du rouge à lèvres. Je garde ta boutique. »

Quand Claude revient, coiffé et maquillé, les yeux un peu vagues, il a de nouveau l'air d'une employée modèle.

« Je croyais que tu étais lesbienne, comme moi... Vous désirez, monsieur ?

– Un café, s'il vous plaît... Je suis venu tout à l'heure, mais c'était fermé.

– En effet, un petit incident...

– Rien de grave, au moins ?

– Oh non ! Rien de grave... Tenez, voici votre café. Au revoir, monsieur, bon voyage ! »

TABLE

DU MÊME AUTEUR

Aux éditions Fayard :

Blanche et Lucie, roman, 1976.
Le Cahier volé, roman, 1978.
Contes pervers, nouvelles, 1980.
La Révolte des nonnes, roman, 1981.
Les Enfants de Blanche, roman, 1982.
Lola et quelques autres, nouvelles, 1983.
Sous le ciel de Novgorod, roman, 1989.
Roger Stéphane ou la passion d'admirer, Carnets I, Fayard/Spengler, 1995.
Pêle-Mêle, chroniques de l'Humanité, Carnets II, 1998.
Pêle-Mêle, chroniques de l'Humanité, Carnets III, 1999.
Camilo, Carnets IV, 1999.
La Bicyclette bleue, roman, 1981.
101, avenue Henri-Martin (La Bicyclette bleue, tome II), roman, 1983.
Le Diable en rit encore (La Bicyclette bleue, tome III), roman, 1985.
Noir Tango, roman, 1991.
Rue de la Soie, roman, 1994.
La Dernière Colline, roman, 1996.
Cuba libre, roman, 1999.

Aux éditions Jean-Jacques Pauvert :

O m'a dit, entretiens avec l'auteur d'*Histoire d'O,* Pauline Réage, 1975 ; nouvelle édition, 1995.

Aux éditions Le Cherche-Midi :

Les Cent Plus Beaux Cris de femmes, anthologie, 1980.
Poèmes de femmes, anthologie, 1993.

Aux éditions Albin Michel/Régine Deforges :

Le Livre du point de croix, en collaboration avec Geneviève Dormann, 1987.
Marquoirs, en collaboration avec Geneviève Dormann, 1987.

Aux éditions Albin Michel :

Pour l'amour de Marie Salat, roman, 1987.

Aux éditions Plume :

Rendez-vous à Paris, illustré par Hippolyte Romain, 1992.

Aux éditions Spengler :

Paris chansons, photographies de Patrick Bard, 1993.

Aux éditions Stock :

Les Poupées de grand-mère, en collaboration avec Nicole Botton, 1994.
Le Tarot du point de croix, en collaboration avec Éliane Doré, 1995.
Ma Cuisine, anciennes et nouvelles recettes de Régine Deforges, album illustré, 1996.

Aux éditions Blanche :

L'Orage, roman érotique, 1996.

Aux éditions Robert Laffont/Blanche :

Entre femmes, dialogue avec Jeanne Bourin, 1999.

Achevé d'imprimer en novembre 1999 sur presse Cameron
par **Bussière Camedan Imprimeries** à Saint-Amand-Montrond (Cher)

35-33-0674-01/8

Dépôt légal : novembre 1999.
N° d'Édition : 9100. – N° d'Impression : 995179/1.

Imprimé en France

ISBN 2-213-60474-6